Ioan Milea

Abend mit Dante

Seară cu Dante

Gedichte / Poeme

**Übersetzungen von Herbert-Werner Mühlroth
und Adrian Patrick Mühlroth**

mit einem Nachwort von Rolf Stolz

ROTE REIHE LYRIK
**innerhalb der EDITION BÄRENKLAU
herausgegeben und redaktionell betreut von Rolf Stolz
Band 6**

In der ROTEN REIHE LYRIK erscheinen Auswahlen aus dem Werk lebender Lyriker – überwiegend Unveröffentlichtes - für 10 Euro im Umfang von 120 bis 160 Seiten.

IMPRESSUM

Herstellung und Verlag: BoD - Books on Demand, Norderstedt
Copyright © Ioan Milea, 2021
Copyright © Cover Photo NACHTBÄUME by Rolf Stolz , 2021
Copyright © der PBP 2021 by EDITION BÄRENKLAU, Bärenklau (OT)

Unter **www.editionbaerenklau.de** finden Sie unser gesamtes Paperback-, Hörbuch- und eBuch-Programm. Die Verfügbarkeit und Verkaufspreise der einzelnen Medien prüfen Sie bitte auf der „Plattform Ihres Vertrauens".

PBP® bedeutet **P**ersonality **B**ook **P**rint: Von uns wird nach Verfügbarkeit auf der Netzseite www.editionbaerenklau.de eine Druckausgabe der dort aufgeführten eBücher erstellt. Die Ausstattung kann von der Plattform-Version abweichen.

Erschienen in der EDITION BÄRENKLAU, Bärenklau (OT) 2021, Printed in Germany

ISBN 9783753423197

Bewußt in traditioneller Rechtschreibung

MIX
Papier aus verantwortungsvollen Quellen
Paper from responsible sources
FSC® C105338

Lyrik als genuine Ausdrucksform
des Menschen:
Der rumänische Dichter Ioan Milea

Es läßt sich leider nicht bestreiten, daß die Rezeption der Lyrik in Deutschland im letzten Vierteljahrhundert schwere Einbußen zu verzeichnen hat. Umso lobenswerter erscheint es, daß der Herausgeber Rolf Stolz und der Verleger Jörg Munsonius 2015 die „Rote Reihe Lyrik" ins Leben gerufen haben, um ein Zeichen gegen den Niedergang der Lyrik in Deutschland zu setzen. Tatsache ist jedoch, daß die Werke von deutschen Lyrikern von Weltformat, wie Hölderlin, Rilke, Trakl, Benn, ja selbst die unseres Zeitgenossen Reiner Kunze, in unserer unseligen postmodernen Zeit für die Leser in weite Ferne gerückt sind.

Tatsache ist aber auch, daß die Bedeutung der Lyrik von unseren Zeitgenossen nicht mehr adäquat rezipiert werden kann, weil Lyrik schlichtweg nicht mehr begriffen wird (dieser Schatz des Volkes der „Dichter und Denker", für welche die deutsche Lyrik konstitutiv war). Eine zarte Annäherung an das, was Lyrik einstmals für die deutsche Kultur bedeutet hat, ist die Vergabe des Büchner-Preises 2017 an den Dichter Jan Wagner, welcher eine *Restitutio ad integrum* der Lyrik anhand von metaphorisch stilisierten Gedichten über ein Gartengewächs anstrebt. Diese Regung spricht für ihn - seltsam ist nur, daß er sich dabei einer verkannten Pflanze, ja eines Unkrautes bedienen muß, um für die Lyrik das Terrain zurückzuerobern, das ihr vor einem Vierteljahrhundert in einer bis dahin unangetasteten Selbstverständlichkeit gehört hat. Wagner ist sich bewußt, daß die Lyrik ihr Selbstverständnis in dieser mäandernden Zeit der zunehmenden Dissozialisierung nahezu komplett verloren hat.

Das Stilmittel des „Giersch" läßt erkennen, daß der Weg zurück zur Lyrik sich nicht einfach gestaltet. Ist der Weg einmal aufgegeben (die posthistorische und postfaktische Moderne bedarf keiner

Lyrik mehr, denn diese steht den Tendenzen der vereinfachten und der einzig an dem Diskurs der „Echtzeit" orientierten Kommunikation entgegen), dann erfordert es unterschiedlichste Hilfsmittel, um die Lyrik, welche doch eine Zeitspanne von über zweitausend Jahren an Relevanz aufbieten kann, zu rehabilitieren.

Wir sollten uns ernsthaft fragen, wieso gerade wir es uns anmaßen, eine genuine Ausdrucksform des Menschen, die sich über zwei Jahrtausende als konstitutiv für den Menschen und sein Innenleben etabliert hat, heutzutage mit einer nahezu unglaublichen Ignoranz aufzugeben. Und dies nur, weil wir im alltäglichen kapitalistischen, gnadenlosen Kampf ums Überleben Äußerungen der Seele zunehmend als Schwäche und Nachteil im Umgang mit einander interpretieren, während uns gleichzeitig, im Umgang mit dem derzeit zunehmend verrohenden Leben, etwas Konstitutives und Essentielles immer mehr abhandenkommt.

Der rumänische Dichter Ioan Milea muß diese Anstrengungen gar nicht erst unternehmen, denn er hat den Weg der Lyrik von Anfang an beschritten, in dem Glauben an ihre Macht und ihren Einfluß auf die Menschen. Ioan Milea war sich immer bewußt, daß dieser Weg bedeutet, Opfer unter dem Einsatz seines eigenen Lebens zu bringen, wenn auch nur stellvertretend oder symbolisch, aber dennoch als Fürsprecher und ja, als von dem Leben eingesetzter Verteidiger des Lebens und der Kunst, ja der Zukunft der Menschheit.

Ioan Milea ist diesen Weg unerschütterlich gegangen. Er hat den Weg der Lyrik niemals verlassen, ganz gleich, welchen Schwierigkeiten er dabei begegnet ist. Dieser Weg ist nicht einfach. Einfach erscheint er nur in populistischen Schnulzen, in denen die „gemeinschaftliche" Seele in verschiedenen als „Kunst" gebrandmarkten Ausdrucksformen eine jedoch nur flüchtige Reminiszenz an das Ganze zelebriert. Ganz einfach ausgedrückt: Wer den Weg der Lyrik einmal betritt, der hat sich definitiv entschieden.

Ioan Milea schreibt eine Lyrik, die der gegenwärtigen Zeit angemessen ist und die gleichermaßen über die Gegenwart hinausweist: Eine Lyrik, die zeitungebunden und – im menschlichen Ermessen sowie in ihrem lyrischen Selbstverständnis – ewiggültig ist. Ioan Milea muß sich nicht irgend-eines Gartengewächses bedienen, um die Bedeutung der Lyrik für die Menschheit herauszustellen, welche in Zeiten der schwer-wiegenden Sprachverhunzung durch Globalisierung und Internet doch arg gelitten hat.

Ioan Milea lebt inmitten dieses Universums der Sprache, in welchem die Lyrik eine angemessene, ja standesgemäße und notwendige Ausdrucksform darstellt, um dem Da-Sein, und auch dem Sein des Da, eine natürliche Plattform zu liefern, die gegen das Nivellieren, gegen das Vergessen und generell gegen jegliche Ausdrucksform der Inhumanität gerichtet ist. Der Niedergang der Lyrik würde einen herben Verlust für die Menschheit bedeuten. Zeitlebens hat Ioan Milea deshalb ihre Fahne hochgehalten.

Ioan Milea fand in den Gedichten von Rainer Maria Rilke Anklang und Bestätigung seiner eigenen Anschauungen und Reflexionen. Ioan Milea ist der deutschen Kultur aufs Engste verbunden. Er hat uns etwas zu sagen, was uns selbst betrifft und worüber wir uns ernsthaft Gedanken machen müssen, wenn wir vor der Entwertung der Werte und der unseligen Gleichmacherei der Postmoderne nicht verzweifeln möchten.

Seine Gedichte stehen zu großen Teilen in der geistigen Tradition der deutschen Lyrik, weshalb wir ihm eine Stimme verleihen sollten, die er verdient hat und die zu uns in einer frischen, bei uns ins Vergessen gesunkenen Tonart spricht.

Herbert-Werner Mühlroth

Seară cu Dante

Styxul e fisura întunecată a zidului,
e spărtura veacurilor
care îți taie
fața zugrăvită la Ravenna –
și n-ai cum să traversezi.

Dar eu aș putea să cad acum,
să mă las dus
de șuvoiul de țipete și brațe încâlcite
izbucnind în lumina farurilor
ce întretaie ploaia.

În seara asta – minunatule – ce zici
de puțină ironie, de un pas greșit, de o moarte?

Abend mit Dante

Der Styx ist der verdunkelte Riß in der Mauer,
die Bruchstelle der Jahrhunderte,
welche dir das gemalte Gesicht
in Ravenna zerschneidet –
und du kannst ihn nicht überqueren.

Aber ich könnte jetzt niedersinken,
mich treiben lassen
von dem Schwall der Schreie
und den in sich verschlungenen Armen,
auflodernd in dem Licht der Scheinwerfer,
welche den Regen zerschneiden.

An diesem Abend – du Wundervoller – was hältst du
von ein wenig Ironie, von einem Fehltritt, von einem Tod?

O frunză cade

O frunză cade
delimitând realul.

(Între increțiturile inimii
unui tiran care râde.

Între firele perdelei
de țărână
ale exploziei.

Între degetul ridicat
și dunga de doliu a turturelei.)

O frunză cade
delimitând realul.

Ein Blatt fällt nieder

Ein Blatt fällt nieder
und setzt der Wirklichkeit Grenzen.

(Zwischen den Furchen des Herzens
eines lachenden Tyrannen.

Zwischen den Fäden des Vorhangs
aus der Graberde
der Explosion.

Zwischen dem erhobenen Zeigefinger
und dem Trauerstreifen der Turteltaube.)

Ein Blatt fällt nieder
und setzt Grenzen der Wirklichkeit.

Foşniră stele

Foşniră stele. O fată
plimbându-se
cu bicicleta seara.

Spiţele roţilor ei
în lină rotire îmi luminează
melancolia.

Început

Fără ochi voi fi, fără
singurul care iată.

Die Sterne knisterten

Die Sterne knisterten. Ein Mädchen
im Abendrot
auf einem Fahrrad.

Das sanfte Kreisen
der Speichen erhellt
meine Melancholie.

Anfang

Ohne Auge werde ich sein
der Einzige, der sieht.

Era o zi

Era o zi
când toate culorile
păreau aplicate.

Şi a ta, frate,
vai, şi a ta, frate,
câmpule abia înverzit.

Fără nume

E ceea ce rămâne
când dăm la o parte
lumi diferite.

Es war ein Tag

Es war ein Tag,
an dem alle Farben
aufgebraucht waren.

Auch die deinige, Bruder,
ach, auch die deinige, Bruder,
du kaum ergrüntes Feld.

Ohne Namen

Es ist das, was übrigbleibt,
wenn wir verschiedene Welten
beiseite schieben.

Memento

„Numai moarte am trăit",
spunea bătrânul hoinar,
cu faţa-i brăzdată, în autobuzul de Atena
rezumând veacul:
„numai moarte am trăit" –
o spunea în greacă.
Eu am înţeles pe româneşte.

Bacovia

O seară
când toţi oamenii
de pe pământ
au şoptit deodată:
vi...ne...în...tu...ne...ri...cul...

Memento

„Nur den Tod habe ich erlebt"
sagte der alte Streuner
mit dem durchfurchten Gesicht im Bus nach Athen
und faßte damit das Jahrhundert zusammen.
„Nur den Tod habe ich erlebt" –
er sagte es auf Griechisch.
Ich verstand es auf Rumänisch.

Bacovia

Ein Abend,
da alle Menschen
auf der Erde
gleichzeitig flüstern:
Die-Dun-kel-heit-fällt.

Ecran

Un zâmbet în plus
şi masca a plesnit.

Deşi mai cântă,
copiii au murit.

La anume cuvinte
se uită uimiţi.

Ecranul se-ntunecă:
e plin de paraziţi.

Eu nu

„Eu nu strig,
eu doar respir
în urechea timpului" –
gândea, îşi număra
floricelele de sârmă ghimpată din gând.

Bildschirm*

Ein Lächeln nur noch
und die Maske zerspringt.

Die Kinder singen zwar noch,
doch sind sie längst tot.

Nur noch gewisse Worte lassen sie
erstaunt aufhorchen.

Der Bildschirm verdunkelt sich:
Er gleißt vor Schmarotzern.

* In der späten „Epoche des Lichtes" Ceauşescus brachte das rumänische Fernsehen nur noch Sendungen patriotischen und nationalistischen Inhaltes.

Ich nicht

„Ich schreie nicht,
ich atme bloß
ins Ohr der Zeit" –
dachte er und zählte
die Blümchen aus Stacheldraht in Gedanken.

Către Eminescu

după o sută de ani

Mă dau la o parte din nou ca să văd. Nu înaripări şi triluri, nu hăulit de codru, ci cum eşti astăzi, tu, când gândul nu mai sare din regn, iar muzica sferelor tace-n orbite. În noaptea mea de periferie, la lumina scăzută a stelelor pe care nu le mai priveşte nimeni cu ochiul liber, aşa îmi apari: mai singur ca într-o vitrină
în mulţimea provizorie
care şi-a uitat numele
şi pe care o-mpinge-nainte voinţa, nevoia.
În mulţimea
derulată iute
ca într-un film mut.
Şi te văd hăituit, căutându-te pe urmele ei viitoare, dar nu dai decât peste locul pustiu unde a fost cuvântul. Astfel rătăcit, tot mai departe rămâi, de tine în mine încă o dată alienat.

An Eminescu

nach einhundert Jahren

Ich trete zur Seite, um dich erneut zu betrachten. Nicht das Beflügelnde und das Tirilieren, nicht das Pfeifen im Wald, sondern dich selbst, wie du heute bist, wenn der Gedanke in seinem Reich nicht mehr sprudelt und die Sphärenmusik schweigt in ihrer Umlaufbahn. In meiner Nacht am Rande, bei dem gedämpften Licht der Sterne, die niemand mehr mit freiem Auge betrachtet, so erscheinst du mir: Noch einsamer als in einem Schaukasten, in dem die provisorischen Vielen ihren Namen vergessen haben und getrieben werden von dem Willen, der Not. In der schnellebigen Masse wie aus einem Stummfilm. Und ich sehe, du wirst getrieben und suchst dich selbst auf den zukünftigen Spuren, aber du findest nichts als den verwaisten Ort, wo einst das Wort gewesen ist. Derart irrst du umher und entfernst dich immer mehr von dir selbst, in mir einmal mehr entfremdet.

Toamnă urâtă

Toamnă urâtă, cum nu a fost nicicând.
Rugina din copaci mai spune doar: ruşine.
Rodul e smuls cu silă din pământ.
Miroase greu a sumbră ceauşime.

E vremea horelor de frunze-abstracte.
În cercul lor sunt toate şi nimic.
Gândul bun nu mai ajunge-n fapte.
Pe creştet cade clipa, pic cu pic.

Departe de lumină-s privire şi culori.
Calea ferată duce-n nicăierea.
Peste coline moartea se unduie uşor.
Dar nu se iscă-n inimi învierea.

Şi, ca de-obicei, pastorala e-n toi.
Numai că turma – turma suntem noi.

Häßlicher Herbst

Häßlicher Herbst, wie er noch niemals gewesen ist,
der Rost in den Bäumen raunt bloß: Schande.
Die Frucht wird mit Widerwillen aus dem Boden gerissen.
Es riecht schwer nach dunklem Ceauşismus.

Es ist die Zeit der Horen* von abstrakten Blättern.
In ihrem Kreis ist alles und nichts zugleich.
Gute Gedanken werden nicht mehr zu guten Taten.
Von der Stirn gleitet der Augenblick hinab, Tropfen für
                                                        Tropfen.

Weit weg vom Lichte sind die Blicke und die Farben.
Die Eisenbahn führt nirgendwohin.
Auf den Hügeln wellt sich leicht der Tod.
Doch in den Herzen gibt es keine Auferstehung.

Und, wie gewöhnlich, werden die Schafe weitergetrieben,
jedoch die Herde – die Herde, das sind wir.

* Hora ist ein rumänischer Volkstanz.

Către Osip

Te-am visat, bătrâne Osip,
din nou. Scrijeleai fără vină
versuri pe trunchiuri tăiate
în Siberia rece, străină.

Dar ce bine, ah, cât de bine
se simţea poezia în pufoaica ta,
bătrâne, pe când tăcerea
în ochii tăi viscolea.

Apoi te-ai retras. În taină
lăsat-ai să se topească
încet-încet pe inima mea
un pumn de zăpadă rusească.

An Ossip Mandelstam

Ich habe wieder von dir geträumt,
mein alter Ossip. Du ritztest ein paar
schuldlose Verse auf die abgehackten Baumstämme
in dem kalten und fremden Sibirien.

Jedoch wie gut, ach, so gut fühlte sich
dein Gedicht in deinem abgesteppten Wattemantel,
Alter, während das Schweigen
in deinen Augen wie ein Schneesturm tobte.

Dann zogst du dich zurück.
Im Verborgenen ließest du eine Faust
mit russischem Schnee
leise und langsam in meinem Herzen schmelzen.

Când se spulberă contemplația

Cine seamănă se înalţă din pământ:
un crez. Şi eu
prin fire întors
cu faţa către sâmburele care face minuni
în orice lucru
am fost.

Dar iată, acum,
secera haină
retează chiar germenii
şi aprigă-i clipa
când răul devine nebunie,
când vina arde şi tăcerea acuză
şi o pală de suflet infestat
– printre cireşii în floare –
spulberă contemplaţia.

Iar dacă brânduşele în crânguri cresc
mai departe, imperturbabile,
nu e totuna:
din ochii abătuţi,
jeturi de apă sărată pârjolesc până la os
priveliştea florală.

6-7 septembrie 1989

Wenn die Kontemplation zerschellt

Wer das aussät, erhebt sich aus der Erde:
Ein Glaube. Und ich
durch mein Wesen
mit dem Gesicht hin zum Samenkorn gekehrt,
welches Wunder bewirkt,
ich war in allen Dingen.

Doch siehe, jetzt zerschneidet
die gnadenlose Sichel
sogar die Keime
und grausam ist der Augenblick,
da das Böse zum Wahnsinn wird,
da die Schuld brennt und das Schweigen anklagt
und ein verseuchter Flügel der Seele –
zwischen den blühenden Kirschen –
die Kontemplation zerschellt.

Und wenn die Krokusse in den jungen Wäldern
unerschütterlich weiterwachsen,
ist es nicht dasselbe:
Gesalzene Tränenströme aus niedergeschlagenen Augen
versengen die Blumenlandschaft
bis auf die Knochen.

6.-7. September 1989

Tu crezi în armonie

se dedică poetului
Adrian Popescu

Tu crezi în armonie,
cânţi
ciuperci de tot soiul, păsări,
prieteni,
gândul fluturând precum
prelata bătută de vânt a camionului
în care m-am ascuns cândva.

Tu crezi în armonie,
evoci
lămâii luminoşi, moartea simplă
a lui Montale,
a altuia,
firele de ploaie ce se adună în inimă,
se împletesc şi opresc plânsul.

Tu crezi în armonie,
dar eu
te regăsesc deodată abia în timp ce
nu mai sunt
decât unul din copiii ce se uită miraţi
la micul tanc negru de pe postament
nu departe de locul tău de muncă.

Du glaubst an Harmonie

für den Dichter Adrian Popescu

Du glaubst an Harmonie,
du singst
alle Arten von Pilzen, Vögeln,
Freunde,
die Gedanken flatternd gleichsam
wie die im Wind flatternde Plane,
in der ich mich einstmals versteckt habe.

Du glaubst an Harmonie,
du beschwörst
leuchtende Zitronen, den einfachen Tod
von Montale,
eines anderen,
die Regentropfen, die sich im Herzen versammeln,
verweben sich und stillen die Tränen.

Du glaubst an Harmonie,
aber ich
finde dich mit einem Male wieder,
während ich nichts mehr bin
als eines der Kinder, die erstaunt
den kleinen schwarzen Panzer auf dem Sockel
betrachten,
der nicht weit weg von deinem Arbeitsplatz steht.

Ariel, poate

se dedică lui Adrian Oţoiu

Era un timp amar, cu trâmbe de iluzii în aer, când mulţi
se jucau de-a frica şi de-a nimica şi zornăiau lanţuri de
priviri, singura muzică îngăduită. Dar acolo, într-un
ascuns luminiş, prietenul meu (Ariel, poate) născocea,
exultând, versul: „o mască de gaze, o mască de raze",
până ce o pală de vânt îi întipări chipul. Iar eu îl
ascultam cu ochii în sus, cu ochii în sus, tainic privind
un amurg printre schele.

Nu mai e anotimp

Scade lumina în ierburi. S-a dus.
Din sine coborât
în lucoarea de beci,
în iadul unde nu mai e anotimp,
atât mai apucă să-mi spună fiinţa:

sigură că va reveni,
vara
îşi amână sentinţa.

Ariel, vielleicht

Adrian Oţoiu gewidmet

Es war eine bittere Zeit, mit Tröten aus Illusionen in der Luft, als viele mit der Angst, mit dem Nichts spielten und Ketten aus Blicken rasselten, die einzige geduldete Musik. Aber dort, in einer verborgenen Lichtung hat mein Freund (Ariel, vielleicht) freudig den Reim geschmiedet: „Eine Gasmaske, eine Strahlenmaske", bis eine Laune des Windes sein Antlitz fesselte. Und ich hörte ihm zu, die Augen aufgerichtet, mit den Augen nach oben gekehrt, während ich geheimnisvoll einen Sonnenuntergang zwischen dem Gerüst betrachtete.

Es gibt keine Jahreszeiten mehr

Das Licht fällt aus den Gräsern. Es ist gegangen.
Aus sich selbst ist es herabgestiegen
ins Kellerlicht,
in die Hölle, wo es keine Jahreszeiten mehr gibt.
Gerade soviel noch kann mir mein Wesen sagen.

Sicher, daß er wiederkommt,
verschiebt der Sommer
sein Urteil.

Ieşirea

Ce am fost şi eu
în epocă?

Un biet suflet sinistrat
cu voinţa crâncenă
şi o inimă domoală
în care au tras
cu vorbe
cu zâmbete
cu crude lumini
pavloviene
clipind des,
în care au scurmat
cu gloanţele.

Iar acum în ochii mei ard lumânări
pentru cei ucişi,
pentru timpul lor omorât,
pentru ceea ce va rămâne pe veci netrăit.

Der Ausgang

Was war auch ich
in dieser Epoche?

Eine arme, mißhandelte Seele
mit grimmigem Willen
und einem stillgestellten Herzen,
welches beschossen wurde
mit Worten
mit Lächeln
mit grausamen,
häufig blinkenden
Pawlowschen Lichtern,
die sie sich aufgewühlt
mit den Kugeln vermischten.

Und jetzt brennen in meinen Augen Kerzen
für die Getöteten,
für ihre getötete Zeit,
für das, was auf ewig ungelebt bleiben wird.

Pas cu pas

Nu am căutat punctul
din care eul
înfloreşte retoric,

mai degrabă locul
unde sinele
se contrage.

Pas cu pas,
gânduri în noapte,
ştergându-mi urmele,
clipocind uşor
precum Crişul cel Repede
când am ajuns pe pod.

Doamne, poate acum
luminez puţin?

Schritt für Schritt

Ich habe nicht nach dem Punkt gesucht,
aus welchem das Ich
rhetorisch erblüht,

vielmehr die Stelle,
wo das Selbst
sich bildet.

Schritt für Schritt,
Gedanken in der Nacht,
meine Spuren verwischend,
leicht plätschernd
wie der Schnelle Kreisch*,
als ich auf die Brücke gelangte.

Herr, vielleicht leuchte ich
jetzt ein wenig?

* *Fluß in Rumänien.*

Recviem în mai

Trecut-a anul! De-acum n-a mai rămas
decât darnica ta sărăcie
demnă: o pildă
pentru noi, cei mult mai uitători
ca micile vrăbii venite până târziu
să-şi ia taínul
de pe marginea balconului
şi, derutate, nu l-au mai găsit.

Însă nimic nu se plânge,
ci totul se cântă:
se cântă ele, păsăruicile văduvite,
se cântă florile-ţi preaiubite,
se cântă farurile licărind în noapte,
se cântă inima neajunsă în fapte,
se cântă şi se cântă.

Cine are urechi de auzit aude
muzica fără instrumente a vieţii simple
şi singuratice
în care n-ai cunoscut decât bucuria
de a da
şi mândria
de a omeni făpturile Domnului.

Requiem im Mai

Vergangen ist das Jahr! Von nun an bleibt dir nur noch
deine freigiebige, würdige
Armut: ein Vorbild
für uns, die weitaus vergeßlicher sind
als die kleinen Spatzen,
die bis spät gekommen sind,
um ihren Anteil
vom Rande des Balkons zu holen
und verwirrt sind, daß sie ihn nicht finden.

Aber niemand weint,
nein, alles singt:
Es singen die verwitweten Vögelchen,
es singen deine vielgeliebten Blumen,
es singen die blinkenden Scheinwerfer in der Nacht,
es singt das zur Tatenlosigkeit verurteilte Herz,
alles singt, alles singt.

Wer Ohren hat zu hören, der hört
die Musik des einfachen und einsamen Lebens
ohne Instrumente,
in welchem du nichts als die Freude
zu geben
und den Stolz gekannt hast,
die Geschöpfe des Herrn zu rühmen.

Les narcisses des poètes

Sfârşit de aprilie. Şovăie încă
şi totuşi se afirmă încet:
tocmai au apărut pe piaţă
les narcisses des poètes.

Albe-s cum albul însuşi
nu se arată întruna,
flori ale clipei în care
ochiul şi inima-s una.

Fără să-şi facă reclamă,
natura-i aproape cuvânt,
în ele, narcisele poeţilor,
care nu se prea vând.

Dichternarzissen

Ende April ziert sie sich noch,
langsam behauptet sie sich doch:
Soeben ist auf dem Markt sie erschienen:
Die Dichternarzisse.

Weiß wie das Weiße selbst
zeigt sie sich unstet:
Als Blume des Augenblicks,
da Auge und Herz verschmelzen.

Sie wirbt nicht für sich selbst,
die Natur ist beinahe ein Wort,
und *dieses*, des Dichters Narzisse,
läßt kaum sich verkaufen.

Comparaţii

Ca şi cum ai pretinde că natura
nu surâde cu de la sine putere,

ca şi cum traversând strada
ai trece
de pe un mal pe celălalt,

ca şi cum te-ai lovi de un copac
şi ai zice în grabă „pardon",

ca şi cum l-ai întâlni într-o seară
de noiembrie
pe Dostoievski
în gara din Alba-Iulia
şi el ţi-ar cere un foc
şi tu ai răspunde:
„vai, nu fumez".

Vergleiche

Als wenn du annehmen würdest,
daß die Natur nicht mit eigener Kraft lächelt,

Als wenn du, die Straße überquerend,
von einem Ufer
zum anderen schrittest,

Als wenn du dich an einem Baum stießest
und du ihm flüchtig „Verzeihung" zurauntetest,

Als wenn du an einem Novemberabend
auf dem Bahnhof von Weißenburg*
Dostojewski begegnetest
und er von dir Feuer verlangte,
während du ihm antwortetest:
„Schade, ich rauche nicht".

Alba Iulia (auf deutsch Weißenburg) ist eine Stadt in Siebenbürgen.

Ritm

Între cuvintele prea numeroase
şi tăcerile prea lungi
ades ne-am pierdut suflul simplu,
calea, adevărul şi viaţa.

Şi astăzi cu greu, iată, cu greu ne readună
în punctul de echilibru de la marginea aleii
firava rugă a adierii de vânt
care face să susure plopii
indicând
ritmul corect.

Graiul

Nu, florile nu şi-au uitat
graiul, dar nu prea mai au
cu cine vorbi.

Alături, aci,
în rondul frumos aranjat,
deschise, distincte şi clare,
sădite aievea-n pământ,
ne par şi ele artificiale.

Rhythmus

Zwischen all den Worten im Überfluß
und dem zu lange währenden Schweigen
haben wir zu oft unseren Atem,
den Weg, die Wahrheit und das Leben verloren.

Und heute beschwerlich sammelt uns wieder
im Punkt des Gleichgewichtes am Rande der Allee
das zarte Gebet im Wehen des Windes,
das die Pappeln rauschen läßt
und den zutreffenden Rhythmus findet.

Sprache

Nein, die Blumen haben
nicht ihre Sprache verloren,
aber sie haben kaum noch jemanden,
mit dem sie sprechen können.

Hier, neben dem hübsch angelegten Blumenbeet,
das fürwahr in die Erde gepflanzt ist,
wirken sie wie Plastikblumen.

Ce cauţi?

Un loc
unde tăcerea
să nu fie şi ea,
în mijlocul zgomotului,
asurzitoare.

Poem

Privirea
altfel
prelungeşte sângele.

Was ich suche

Einen Ort,
wo das Schweigen
inmitten des Lärms
nicht ohrenbetäubend ist.

Gedicht

Dein Blick
verdünnt das Blut
auf eine andere Weise.

Stanţă

Cade o frunză,
gest iscusit:

toamna fraternă
s-a iscălit

în aer, în inimi,
foarte pe scurt.

Cade o frunză.
Stau şi mă uit.

Stanze

Ein Blatt fällt,
eine findige Geste:

Der brüderliche Herbst
hat lakonisch

in die Luft, in die Herzen
ein Siegel gesetzt.

Ein Blatt fällt hinein
in meine Betrachtung.

În iarnă

În iarnă, cei desfrunziţi,
desenaţi de zăpada căzută,
adeseori nu mai au
o identitate ştiută.

Strălimpede însă-şi răsfiră
arborescenţa spre cer
de parcă ei încă nu,
nu ar fi în vârsta de fier.

Dăinuie ca într-o gravură,
în aer, vii şi tenace.
Copacii, cu albul ei iarna
şi mai copaci îi face.

Im Winter

Im Winter, die Entlaubten,
gezeichnet von dem gefallenen Schnee,
besitzen des öfteren
keine ihnen bekannte Identität mehr.

Überdeutlich jedoch verzweigen
sie ihr Geäst zum Himmel hin,
als ob sie noch nicht,
als ob sie nicht
in der Eisenzeit wären.

Sie leben weiter wie in einer Gravur,
in der Luft, lebendig und beständig.
Die Bäume mit ihrem Weiß im Winter
machen sie noch mehr zu Bäumen.

Atunci era un joc

Atunci era un joc de copii,
un joc de ţinut natal,
ca o fugă de-acasă,
mai acasă.

Piatra bine aleasă,
netedă, plată,
cu râvnă era aruncată
razant pe apa
râului şi sălta, sălta.

Şi deseori ajungea
până pe celălalt mal.

Damals war es ein Spiel

Damals war es ein Kinderspiel,
ein Spiel aus der Heimat
wie eine Flucht von zu Hause,
gen zu Hause.

Der wohl gewählte,
glatte, flache Stein,
war mit Wucht auf das Wasser des
Flusses geworfen,
schnell sprang er und sprang und sprang.

Und häufig gelangte er
bis zum anderen Ufer.

Episod

Drumul duce. Legănă privirea,
lateral, geometrie şi plai.
Se opresc şi surâd deodată:

ce bine-i, ce bine-i
să nu te sperii când se îndreaptă
ca într-o doară
curba colinei.

Mă uit

Mă uit
la voioasele vrăbii
care se scaldă în colb.
Şi deodată
mă tăvălesc şi eu prin lumina curată.

Episode

Der Weg führt voran. Er wiegt den Blick,
seitlich, geometrisch und den Hang.
Sie halten mit einem Male an und lächeln:

Wie gut ist es, wie gut,
daß du nicht erschrickst,
wenn mit einmal
die Windung des Hügels
auf dich selbst zukommt.

Ich betrachte

Ich betrachte
die munteren Sperlinge,
die ein Staubbad nehmen.
Und mit einem Male
wälze auch ich mich im sauberen Licht.

Cealaltă muzică

Muzica asta nu e în top.

Muzica asta nu omoară copacii.

Muzica asta nu e o vrajbă.

Muzica asta
nu îşi leagănă braţele
şi nu se calcă-n picioare.

Muzica asta nu se distrează extrem.

Muzica asta
înainte de toate
se ascultă pe sine cuminte:
e fără instrumente şi fără cuvinte.

Muzica asta
nu sfidează tăcerea
care o face să cânte.

Die andere Musik

Diese Musik findet man nicht in den Charts.

Diese Musik tötet keine Bäume.

Diese Musik entzweit nicht.

Diese Musik
wiegt nicht ihre Arme
und tritt sich nicht auf die Füße.

Diese Musik unterhält sich nicht ausschweifend.

Diese Musik hört brav
vor allem sich
selbst zu:
Sie hat keine Instrumente und keine Worte.

Diese Musik
fordert nicht das Schweigen heraus,
das sie zum Singen bringt.

Rezumatul anotimpurilor

I.

Un iz de reavăn e-n toate.
Acum
până şi plopii
au rădăcini.

II.

Şi totuşi
vântu-n copaci
mai cântă
de-adevăratelea:
foaie verde...

III.

Cad frunze,
veşnice frunze,
de neînlocuit
în viaţă
şi poezie.

IV.

Arborii tare frumos
stau în alb-negru.
Timpul, s-ar zice,
trece pe lângă.

Resümee der Jahreszeiten

I.

Ein muffiger Geruch von Feuchte ist in Allem.
Jetzt
haben selbst die Pappeln
Wurzeln.

II.

Und dennoch,
der Wind in den Zweigen
singt fürwahr
immer noch
Grünes Blatt...*

III.

Blätter fallen,
ewige Blätter,
unersetzbar
im Leben
und im Gedicht.

IV.

Die Bäume stehen da
sehr schön in Schwarz-Weiß.
Die Zeit, sagt man,
geht an ihnen spurlos vorbei.

Grünes Blatt – dient als Einleitung in der rumänischen Volksmusik.

Câmp

Brazdele negre acum
se destind şi vibrează şi cântă
şi tocmai
dispar sub verde.

Meleag

Linii drepte alunecă în pante
pe colinele aşa, transilvane,
până când se pierd încet în noapte.

Sus,
după ani şi ani,
vezi cerul spuzit
de stele pulsante.

Feld

Die schwarzen Ackerfurchen
lockern sich gerade auf, erzittern und singen
und verschwinden
unter dem Grün.

Gefilde

Gerade Linien gleiten in steigenden Serpentinen
auf den so transsylvanischen Hügeln,
während sie sich langsam in der Nacht verlieren.

Oben,
nach Jahren und Jahren,
siehst du den von pochenden Sternen
bedeckten Himmel.

Peisaj

I.

Bălţile aproape secate,
sărătura şi trestia-n vânt
şi nămolul adânc albăstriu
îţi oferă toate, pe rând,

şi împreună îţi dăruie toate
geografia aceasta subit
regăsită: un strop de obârşie
şi poate şi de sfârşit.

II.

Pinii aceştia săraci
pe dealuri. Mai jos, sărătura
abia înverzită, pe care
pasc caii răzleţi şi natura

îi ţine aşa neclintiţi
în timp ce contempli mişcarea
lor calmă, egală cu sine
şi veche şi albă ca sarea.

III.

Corpurile, aşa etalate
şi atât de-n afară în marea
lor singurătate,
mult mai sărace-s ca sarea

pământului pe care se-ntind
la soare şi cui se închină,
alburiu la amiază.
Fantasmă: fantasmă salină.

Landschaft

I.

Die beinahe ausgetrockneten Teiche,
die Salzwiese und das Schilfrohr im Wind
und der tiefblaue Schlamm
bieten dir alles nach einander

und gemeinsam schenken sie dir alle
diese jäh wiedergefundene Landschaft:
einen Tropfen Ursprung
und vielleicht auch vom Ende.

II.

Diese ärmlichen Kiefern
auf den Hügeln. Weiter unten die kaum
begrünte Salzwiese,
auf der vereinzelt Pferde und die Natur weiden.

Sie hält sie so unbewegt,
während du ihre sanfte
immergleiche und alte Bewegung betrachtest,
die weiß ist, wie das Salz.

III.

Die derart ausgestellten Körper,
und die so weit draußen
in ihrer großen Einsamkeit sind,
sind viel ärmlicher als das Salz

der Erde, auf der sie sich ausstrecken
in der Sonne und wem sie sich
weißlich am Mittag verneigen.
Ein Gespenst: Die salzige Phantasmagorie.

IV.

Aspru sclipeşte ca sarea-i
în soare şi pe rană, tăcut,
ţinutul acesta pierdut
fiindcă evită zarea.

V.

Pe dealul, pe dealul abrupt
se caţără în serpentină
autobuzul precar: o ruină
pe drumul acesta roman.

Încet se întinde ca viţa-
de-vie printre caişi şi acăţi
de care cu greu te agăţi
ca să nu cazi în sclavia

văii,
în sclavia cetăţii.

VI.

De sus, de pe deal, se deschide
valea săracă,
de un verde salin.

Ochiul se pleacă şi crede.

Oricât încerc
să mă fac nevăzut
priveliştea mă vede.

IV.

Herb schimmert wie sein Salz
in der Sonne und in der Wunde, schweigend,
diese verlorene Landschaft,
da sie den Horizont vermeidet.

V.

Den Hügel, den abschüssigen Hügel
erklimmt der prekäre Autobus
in Serpentinen: eine Ruine
auf diesem Weg der Römer.

Langsam dehnt er sich aus wie die Weinstöcke
zwischen den Aprikosenbäumen und den Akazien,
an die du dich mühevoll klammerst,
damit du nicht in die Sklaverei

des Tales verfällst,
in die Sklaverei der Festung

VI.

Von oben, vom Hügel her öffnet
sich das karge Tal
durch ein salziges Grün.

Das Auge verneigt sich und glaubt.

Ganz gleich, wie viel ich versuche,
um mich ungesehen zu machen,
die Aussicht sieht mich.

VII.

Aici, uneori se întâmplă
să prinzi ritmul sării. Egal
şi prelung se aşterne.
E pacea din toate.
E transparenţa aceasta
plină, în care
te întorci fără gânduri.
Doar răsuflarea discerne.

VII.

Hier kommt es manchmal vor,
daß du den Rhythmus des Salzes erfaßt.
Gleichgültig und langgezogen breitet es sich aus.
Es ist der Friede aus Allem.
Es ist jene gänzliche Transparenz,
in der du gedankenlos zurückkehrst.
Nur der Atem kann urteilen.

Porumbeii din gări

Porumbeii sedentari din gări
nu se sperie. Nici şuiere, semnale
nu-i alungă. De un veac şi jumătate
ciugulesc mereu, agale.

În cadenţă, printre şine şi traverse
caută fărâme. Cu bravură
îşi duc viaţa lor feroviară.
Şi transformă gara în natură.

Gravură

Cu zăpadă
iarna
invers gravează.

Calmă
îşi lasă
alba
coală.

Liniile
singure
ies la iveală.

Die Tauben in den Bahnhöfen

Die seßhaften Tauben in den Bahnhöfen
erschrecken sich nicht. Auch Pfeifen, Signale
verscheuchen sie nicht. Seit anderthalb Jahrhunderten
gemächlich picken sie dort.

Im Rhythmus, zwischen den Schienen und Schwellen,
suchen sie nach Krümeln. Mit Heldenmut
führen sie ihr Eisenbahnerleben.
Und verwandeln den Bahnhof in Natur.

Gravur

Mit Schnee
graviert der Winter
umgekehrt.

Friedlich läßt
er sein Kleid
weiß sein.

Die Linien
allein
kommen zum Vorschein.

Lucas Cranach

Coroana cea de mere aurii
e chiar aureola Fecioarei Preacurate.

Dürer

Fiecare linie-i la locul ei,
ca în palmă, ca pe-o frunză scrisă,
ca-n nervurile unei idei.

Rembrandt

Aici e locul unde se-ntâlnesc
culorile născânde cu întunecimea.

Peter Bruegel cel Bătrân

În timp ce Cain își taie, frate, iară
brazda pe-ogor, nu are cum să vadă
un punct pe cer:
Icar ce stă să cadă.

Noi îl vedem, dar numai din greșeală.

Maeștrii italieni

Acolo încă. Omenește readus
pe linia desenului ca zarea.
M-ați învățat să văd, să cred:
să nu dezmint asemănarea.

Lucas Cranach

Der Kranz aus goldenen Äpfeln
ist der Heiligenschein der Jungfrau Maria.

Dürer

Jede Linie ist da, wo sie hingehört,
wie in der Hand, wie auf einem beschriebenen Blatt,
wie in den Faserungen einer Idee.

Rembrandt

Hier ist der Ort, wo die sich gebärenden Farben
und der Grund der Dunkelheit begegnen.

Peter Breugel der Ältere

Während Kain, Bruder, wieder
auf dem Feld seine Furchen zieht, kann er
einen Punkt am Himmel nicht erkennen:
Den abstürzenden Ikarus.

Wir sehen ihn, aber nur aus Versehen.

Italienische Meister

Immer noch dort. Menschlich wiedergebracht
auf die Linie des Zeichnens wie der Horizont.
Ihr habt mich sehen, glauben gelehrt:
Damit die Ähnlichkeit ich nicht verleugne.

El Greco

Doamne, iartă-mă dacă-ndrăznesc să cred
că trupul se înalţă de-a dreptul de pe Cruce.

Goya

Colosul despuiat sub luna nouă
se-ntoarce şi ne spune azi aşa:
nu se confundă veghea raţiunii
nicidecum cu insomnia sa.

Ribera

Niciodată nu a fost mai fericit
un băiat desculţ ce ne priveşte.

Vermeer

Pictura e prezenţa ce s-a aşternut
pe pânză: şi văzutul şi vederea.

Caspar David Friedrich

Cel ce stă cu faţa spre genune
n-are faţă. Faţă-i e genunea.

Andreescu

Se-adună tot, dacă te uiţi, pământul mut
într-un drumeag, într-o ulcea de lut.

El Greco

Herr, verzeih mir, wenn ich wage zu glauben,
daß der Körper sich fürwahr vom Kreuze erhebt.

Goya

Ein nackter Koloß unter dem Neumond
kehrt zurück und sagt uns heute:
Das Wachen der Vernunft ist keineswegs
zu verwechseln mit deiner Schlaflosigkeit.

Ribera

Niemals war er glücklicher,
der Junge, der barfuß ist und uns betrachtet.

Vermeer

Das Gemälde ist die Anwesenheit, die sich
auf diese Leinwand gelegt hat:
sowohl das Gesehene als auch das Sehen.

Caspar David Friedrich

Derjenige, der mit dem Gesicht hin zum Abgrund steht,
hat kein Gesicht. Das Gesicht ist der Abgrund.

Andreescu

Alles, wenn du betrachtest, fließt zusammen, die stumme
                                                    Erde
auf einem Pfad, in einem Tonkrug.

Picasso

Toate liniile sar pe dată-n
aer şi cu greu se reaşază.

Oare-i chiar *Femeia care plânge*
sau o arătare electrocutată?

Mondrian

Copacul fără trunchi era un stol de păsări
şi s-a retras apoi în zare,
de unde ochiul, dacă vede, vede
doar linii şi culori primare.

Dali

Odată am văzut pe degetul unei femei
un ceas-inel. Curgea ca la Dali.

Picasso

Alle Linien springen mit einem Male
in die Luft und nur schwer finden sie wieder zurück.
Ist es die *Weinende Frau*
oder eine durch Stromschlag erlegte Erscheinung?

Mondrian

Der Baum ohne Stamm war ein Vogelschwarm,
der sich am Horizont verzog,
von wo aus das Auge, wenn es sieht,
nur Linien und Grundfarben sieht.

Dali

Einmal habe ich an den Fingern einer Frau
eine Ringuhr gesehen. Sie floß dahin
wie bei Dali.

Flori fără nume

Poate nici nu sunt flori,
ci dervişii aceia dansatori
ce se învârt, se învârt
în jurul propriei axe
care nu mai e a lor.

Blumen ohne Namen

Vielleicht sind es gar keine Blumen,
sondern diese tanzenden Derwische,
die sich drehen, immer nur drehen
um ihre eigene Achse,
die ihnen gar nicht mehr gehört.

Masa Tăcerii

La *Masa Tăcerii* se stă
şi se ascultă
cum se face rotundă
aducerea-aminte.

Leda

Rareori cade lumina întocmai
cum se cuvine.
Atunci
se apleacă spre sine
sieşi să-şi semene
Leda.
Alt nume nu are
atunci
nici taina
din care descind
în cer şi pe pământ
perechile gemene.

Tisch des Schweigens

Am Tisch des Schweigens sitzt du
und lauschst,
wie sich die Erinnerung
rundet.

Leda

Selten fällt das Licht,
wie es sich ziemt.
Dann
neigt sie sich hin zu sich selbst,
um sich selbst zu ähneln:
Leda.

Einen anderen Namen hat
dann
nicht einmal das Geheimnis
aus dem entsteigen
im Himmel und auf der Erde
die Zwillingspaare.

Ver sacrum

(Un butuc de lemn cu vlăstare, în atelier)

Să aştepţi,
să asculţi,
să te uiţi
de tot.

Acum
securea şi dalta-s nimic.

Din senin s-a trezit
butucul cel vechi:
a lăstărit.

Coloana fără sfârşit

Coloana fără sfârşit
nu se înalţă, creşte.
Adună în sine tot
şi la fel dăruieşte:

ba, când te uiţi
drept în sus
vezi creste de munţi,

ba, mai încolo, uşor,
apar aripi de păsări în zbor,

ba, cu numai un grad
în lateral
şi un pas înapoi,
aduce a cetini de brad,

Ver sacrum

(Ein Baumstumpf mit Trieben im Atelier)

Zu warten,
zu hören,
zu sehen,
ganz.

Jetzt
sind Hammer und Meißel nichts.

Aus heiterem Himmel
sind dem alten Baumstumpf
junge Triebe gesprossen.

Die endlose Säule

Die endlose Säule
erhebt sich nicht, sie wächst.
Sie sammelt in sich alles
und verschenkt es:

Wenn du aufrecht stehend
nach oben blickst,
siehst du Bergkämme.

Etwas weiter dann das leichte Schwingen
von Vogelflügeln

und wenn du nur ein Grad seitwärts
und einen Schritt zurück gehst,
kommen zum Vorschein
Tannenzweige.

ba, când un pic se înclină
capul tău,
e repetată colină,

ba, din alt unghi,
devine o scară
pe care urcă pământul din tine
şi nu mai coboară,

ba, la un mic interval,
vine val după val
şi se preface în undă,

ba, contemplată
de mai departe,
e-o rară
sau deasă împletitură
de lumină şi umbră,
o gamă
în care cântă ziua,
pe mai multe voci,
din zori până-n seară
şi nu se destramă.

Ba, în inextricabila-i
realitate parcă
vezi cum se-ncarcă
fiecare romboid cu de toate
şi toată coloana e-o arcă.

Coloana fără sfârşit
nu se înalţă, creşte:
ne leagănă,
ne leagănă,
ne leagănă-n sus
privirea:
se fărăsfârşeşte.

Wenn du nur ein wenig
deinen Kopf neigst,
siehst du Hügel um Hügel sich krümmend.

Aus einem anderen Blickwinkel
entsteht dir eine Leiter, auf der die Erde aus dir
für immer
in den Himmel steigt.

Nach kurzem Abstand
kommt dann Woge nach Woge
und verwandeln die Säule in Wellen.

Aus größerem Abstand
betrachtet
siehst du ein seltenes
und dichtes Geflecht
aus Licht und Schatten,
eine Tonleiter, in welcher
der Tag singt
mit mehreren Stimmen
von Sonnenauf- bis –untergang,
die nicht endet.

In seiner verworrenen Wirklichkeit
siehst du scheinbar,
wie jeder Rhombus sich
mit Allem auflädt
und die ganze Säule ist eine Arche.

Die endlose Säule
erhebt sich nicht, sie wächst.
Sie wiegt uns,
sie wiegt uns,
sie wiegt uns nach oben
den Blick:
Sie findet kein Ende.

Fulguraţii

Chipul tactil
când adie
în martie.

Ne întoarce din mai
în aprilie ploaia
asta de toamnă.

Plouă. În minte
iar plângeri
verbale.

Aprilie. Prunii
acum ne îmbată
fără ţuici.

Limpede: cifrul
zilei în treacăt
îl deţin norii.

Gedankenblitze

Das faßbare Antlitz
wenn es weht
im März.

Bringt dieser Herbstregen
aus dem Mai uns
in den April?

Es regnet. Im Gedächtnis
wieder verbale
Beschwerden.

April. Jetzt benebeln
die Pflaumen uns
auch ohne Schnaps

Eindeutig: Die Losung
des Tages schwebt
in den Wolken.

Din singurătate
eu îţi ofer
numai ce leagă.

Cocoşul de lut
de pe casă-l puşcară
ruşii întâi.

Povesteşte: Când au intrat ruşii în ogradă, prima dată ce au făcut? Au puşcat cocoşul de lut de pe casă. (Casa clădită cu greu de Tuţu, „să-i rămână la fata asta, că băieţii şi-or face şi singuri".) Cocoşul fusese adus tocmai de la Jimbolia, cu căruţa, vreme de săptămâni, împreună cu toată ţigla pentru casă. Şi ruşii l-au puşcat.

Aus der Einsamkeit
biete ich dir nur das
was verbindet.

Zuallererst erschossen
den Hahn aus Lehm auf dem Haus
die Russen.

Erzähl': Als die Russen in den Hof eintraten, was haben sie als Erstes getan? Sie haben den Hahn aus Lehm vom Haus geschossen. (Das Haus, das von Tuțu unter großer Mühe erbaut wurde, „damit es diesem Mädchen bleibt, weil die Jungen sich selbst welche bauen können".) Der Hahn wurde gerade erst aus Hatzfeld gebracht, mit der Kutsche, es dauerte Wochen, zusammen mit den Ziegeln für das Haus. Und die Russen haben ihn erschossen.

Facerea de
Brâncuşi pentru orbi.
Restul e lume.

Vezi cu durere
cum trece un lucru
într-o părere.

Laşi, în tăcere,
să renască un lucru
dintr-o părere.

August. Râdea
o felie de pepene
de tristeţea ta.

De dimineaţă
ritmează privirea
câinele şchiop.

Die *Schöpfung*
von Brancuși für Blinde.
Der Rest ist Welt.

Du siehst mit Schmerzen
wie eine Sache in
eine Meinung übergeht.

Wiedererstehen
läßt du schweigend
eine Sache aus einer Meinung.

August. Es lachte
ein Stück Melone
über deine Traurigkeit.

Am Morgen taktet
der Blick den Rhythmus
des hinkenden Hundes.

Nu vom şti niciodat'
câtă somnie
am tulburat.

Mai bine închiciu-
rată, îmi spune
salca fanată.

Inima bate
iarăşi concentric.
Lumină-n vivariu.

Ah, un surâs
ca şi al tău,
evadat din trafic.

Tot bate câmpii
politica în loc
să are.

Wir werden niemals
erfahren, wieviel Schlaf
wir getrübt haben.

Lieber wäre ich
eingefroren, sagt mir
die vertrocknete Weide.

Das Herz schlägt
wieder konzentrisch. Es ist
Licht im Vivarium.

Ah, ein Lächeln
wie deines
geflüchtet aus dem Verkehr.

Immerzu weicht die Politik
auf ein anderes Feld aus,
statt es zu beackern.

Moşu săpând.
Fântâna Mocanilor
e tot acolo.

Povesteşte: Erau nişte mocani ce coborau la şes cu
căruţele. Şi se opreau la Crăieştii de Sus, unde Moşu avea
o bucată de pământ şi săpase o fântână. Şi odată i-au zis:
„Mulţumim că ne laşi să bem din fântâna dumitale". Iar el
le-a răspuns: „Da' cum să nu beţi, că Dumnezeu a dat
izvorul, noi am făcut fântâna. Şi de-acuma fântâna asta să
se cheme Fântâna Mocanilor." Care, dacă mai e, e sigur tot
acolo.

Pe câmpul arat
tulee din toamnă
o anunţă.

Tu ai muşcat
pământul. De-aceea
copăceşti?

Schaufelnd, der Alte.
Der Brunnen der Schäfer
ist immer noch dort.

Erzähl': Es waren einige Schäfer in den Karpaten, die mit ihren Pferdewagen auf das Feld hinabfuhren. Sie hielten an in Craieştii de Sus, wo der Alte ein Stück Feld hatte und einen Brunnen gegraben hatte. Und sie sagten zu ihm: „Wir danken dir, dass du uns aus deinem Brunnen trinken läßt". Er antwortete ihnen: „Ihr sollt nur trinken, denn Gott hat uns die Quelle gegeben und wir haben den Brunnen gegraben. Von nun an soll dieser Brunnen der Brunnen der Schäferbrunnen heißen." Und, wenn es ihn noch gibt, dann ist er sicher immer noch dort.

Auf dem geackerten Feld
kündigen die Maisstengel
den Herbst an.

Du hast die Erde gebissen.
Bäumst du dich
deswegen auf?

Se-ncopăcea
privirea
privindu-i.

Prostul de mine!
Credeam că-s păscuţe
primolele.

Ah, şi în martie
primele ies
tot buruienile!

La Institut,
pe stânga, cum urci,
viorelele albe.

Copăcel-copăcel
iar veni primăvara.
Sau şontâc-şontâc?

Sie erblickend
bäumte sich auf
dein Blick.

Ich Dummkopf!
Ich dachte, die Primeln
wären ein Osterkuchen.

Ah, und im März
sprießt immer zuerst
das Unkraut.

Dort, beim Institut
links, wo du hinaufgehst,
die weißen Veilchen.

Bäumchen, Bäumchen, mein,
der Frühling ist gekommen.
Oder ein schwerer Gang?

Azi te-ai rugat
de primăvară
să vină în proză.

Ploaie cu soare.
Iar stă o clipă-n
enthousiasmos.

Veni primăvara,
Simonetta Vespucci,
și în America?

La primavera,
Simonetta Vespucci,
arrivò in America?

Un lăudat
surâs mi-a răspuns:
„Si figuri!"

Heute hast du
den Frühling gebeten
in Prosa zu kommen.

Regen mit Sonne.
Erneut ein Augenblick in
enthousiasmós.

Der Frühling,
Simonetta Vespucci, ist er auch
in Amerika gekommen?

La primavera,
Simonetta Vespucci,
arrivò in America?

Ein strahlendes
Lächeln antwortete mir:
„Si figuri!"

Ce bucurie!
Te-au trezit turturici
din insomnie.

Nu-i dezvrăjită
de tot păpădia
nici în mai.

Iar revrăjești
floricele precare,
zice ea.

Un *solicello*
de octombrie-n mai.
(Știi, Cardarelli.)

Vina tristeții
o răscumpără oare
admirația-mi?

Welch eine Freude!
Die Turteltauben haben dich
aus der Schlaflosigkeit geweckt.

Sogar im Mai
ist der Löwenzahn
nicht ganz entzaubert.

Erneut verzauberst du
die bedrohten Blümchen,
sagt sie.

Ein Oktober-*Solicello*
im Mai.
(Du weißt, Cardarelli.)

Die Schuld der Traurigkeit,
kauft meine Bewunderung
sie wohl los?

Nu mai plusa,
nu te teme că n-ai
ce răscumpăra!

Nicio... Taci!
Niciodată
nu se termină numele.

Florii. Azi nu gândul,
ci mâna cuminte
pliveşte mormântul.

După plivit,
pe mormânt au rămas
crăiţele numai.

Iei împrumut
de la fluturi
voinţă.

Gehe nicht weiter,
habe keine Angst, daß du
nichts zum Loskaufen hast!

Nie... Sei still!
Niemals
hört der Name auf.

Die Blumen. Heute ist es nicht
der Gedanke, sondern die brave Hand,
die das Grab jätet.

Nach dem Jäten,
auf dem Grab geblieben
sind nur die Tagetes.

Vom Schmetterling
borgst du dir
den Willen.

Plouă. Suntem
un pic
subacvatici.

Un nor răsfirat
aproape în trepte.
Până să urci...

Tot mai arare
cucuiesc între blocuri
turturici matinale.

Din mai vor tăcea
până și turturelele
cucuitoare.

Cel puțin cucuiau
turturele-ntre blocuri.
Acum tac.

Es regnet.
Ein wenig sind wir
subaquatisch.

Eine aufgelöste Wolke,
beinahe in Stufen.
Bis du hinaufsteigst ...

Immer seltener
zwischen den Blocks singen
die frühen Turteltauben.

Im Mai werden selbst
die singenden Turteltauben
schweigen.

Wenigstens sangen
die Turteltauben zwischen den Blocks.
Jetzt schweigen sie.

S-a lovit de o piatră
Esenin.
O ştiu.

„Domnule Milea",
mă jigneşte o salcie.
Nu îi răspund.

Ai pomenit
aşa sălcii
băţoase?

Se uită un câine
la tine, pe drum.
Priviri similare.

Iarăşi copacii
cum se vine în fire
te învaţă.

An einem Stein gestoßen
hat sich Jessenin.
Ich kenne ihn.

„Herr Milea",
mich beleidigt eine Weide.
Ich antworte ihm nicht.

Hast du derart
unbeugsame Weiden
gesehen?

Ein Hund schaut
dich an, auf dem Weg.
Gleichartige Blicke.

Erneut lehren
die Bäume dich, wie man
zu sich kommt.

Fii fără grijă
monosilabic.
Ploaia pricepe.

Te agrăiesc
toate cele
ce tac.

Pe strada Avia-
torilor eu
admir turturele.

Simţi cum te trage
din sistem în afară
un fluturaş.

Greu mai respiră
ochii în ceaţa
asta, Ioane.

Sei ohne Sorge
einsilbig.
Der Regen versteht.

Alles,
was schweigt,
spricht dich an.

Auf der Straße der Flieger
bewundere ich
die Turteltauben.

Du spürst, wie
aus dem System hinaus dich
ein Schmetterling zieht.

Schwerlich atmen
die Augen noch
in diesem Nebel, Ioan.

1 Mai. Străbuna
ploaie de cu noapte
defilează-ntruna.

1 Mai. Pe drum
defilează ploaia
peste toți acum.

1 Mai. Un joc:
defilează ploaia
și când stă pe loc.

Curge un licăr
de lumină prin țurțuri.
(Scris în mai.)

Un șir de arini
urmează pârâul.
Șoseaua asemeni.

1. Mai. Die endlose
Parade des uralten
Regens in der Nacht.

1. Mai. Auf dem Weg
defiliert der Regen
nun über alle.

1. Mai. Ein Spiel:
Der Regen defiliert,
auch wenn er ruht.

Ein Lichtfunke
rinnt durch die Eiszapfen.
(Geschrieben im Mai.)

Eine Reihe von Erlen
folgt dem Bach.
Einer Chaussee gleich.

Sună a ură
în natură prea multă
întrebătură.

Un labirint
e tot
numai cioturi.

Cât ţine copacul
atât
mă înalţ.

Refuză cu drag
simplul *like*
pe copac.

Se întreabă la *River*
mălurenii: e Someşul
Mic sau Mare?

Es klingt nach Haß
Zuviel Fragerei
in der Natur.

Ein Labyrinth
ist auch nur
aus Stummeln.

Ich steige so hoch,
wie mich der Baum
trägt.

Verweigere freundlich
das einfache *like*
auf dem Baum.

Im *River* fragen sich die
Leute aus Mălureni: Ist der Somesch
klein oder groß?

„Copiii aleargă
mai iute ca drumul"
(Charles Péguy).

Unghiuri mlădii
taie Leda
pe apă.

Un' te-ai pornit,
melc turdean, pe asfalt?
La Dunăre?

Nu e în top
(ce noroc, ce noroc!)
fratele plop.

Pe un copac
o plăcuță cu: *Strada
Aviatorilor.*

„Die Kinder rennen
schneller als der Weg"
(Charles Péguy).

Geschmeidige Nägel
schneidet Leda
auf dem Wasser.

Wohin bist du aufgebrochen
du Schnecke aus Turda, auf
dem Asphalt? Zur Donau?

Auf dem Baum
ein Schild: *Straße
der Flieger.*

Eben sah ich
wie ein Ding sich
mit seiner Idee stritt.

Pe fluxul de ştiri
plutim în bărcuţe
de hârtie noi.

Ploaie de toamnă.
Iarăşi asculţi
tăceri narative.

Te-au bucurat
norii de toamnă
în ianuar.

„La dicha camina
con los pies desnudos."
(Gómez Dávila).

Aşadar: „Bucuria
umblă desculţă."
(Gómez Dávila).

Auf dem Nachrichtenfluß
treiben wir auf Booten
aus Papier.

Herbstregen.
Wieder lauschst du
der Erzählung des Schweigens.

Mit Freude haben dich
erfüllt die Herbstwolken
im Januar.

„La dicha camina
con los pies desnudos."
(Gómez Dávila).

Also: „Die Freude
wandelt barfuß."
(Gómez Dávila).

Până-n priviri
fac valuri corolele
de trandafir.

M-a întrebat
în ce cerc mă învârt.
Al corolelor doar.

Din fericire,
teii frunzoşi
au aripioare.

Plop adiat.
Nu a foşnit.
A susurat.

Ce bine arată
salcia singură,
mai plângătoare!

Die Rosenblüten
schlagen Wellen
bis zu den Blicken.

Er fragte mich,
in welchen Kreisen ich verkehre.
Nur im Blütenkreis.

Zum Glück.
haben Flügel
die dichtbelaubten Linden

Die Pappel im Wind
raschelt nicht,
sie flüstert.

Wie schön ist doch
die einsame, noch
trauernde Weide!

Cade o frunză
iscălind
pentru toţi.

De dimineaţă
trezit de motivul:
frunzele toamnei.

Frunzele toate
acum sunt la fel:
împrăştiate.

Împrăştiate
frunze de toamnă
azi ne unesc.

Cum se împrăştie
frunze-n octombrie?
Cu nemiluita.

Ein Blatt fällt.
Es unterschreibt
für uns alle.

Aufgewacht am Morgen.
Der Grund:
Die Herbstblätter.

Alle Blätter
sind nun gleich:
Zerstreut.

Heute
vereinen uns zerstreute
Herbstblätter.

Wie zerstreuen sich
die Blätter im Oktober?
Im Überfluß.

Unde-ai văzut
un amurg printre schele
azi e un bloc.

„Un suflet delicat,
În goana de barbar.”
Atâta: am citat.

Pe o crenguță
de zbor
m-așezai.

Scurtă privire.
Un nor prelungea
o Italie parcă.

Zboară rândunici
în abecedare.
Sunt sciiturici.

Wo du einst die Abend-
dämmerung zwischen Gerüsten sahst,
steht heute ein Wohnblock.

„Eine delikate Seele,
in der Jagd des Barbaren."
Soviel: Ich habe zitiert.

Auf ein Ästlein
im Flug habe ich mich
hingesetzt.

Kurzer Blick.
Eine Wolke spiegelt
dir ein Italien vor.

Die Schwalben fliegen
in den Fibeln.
Sie sind schreibbeflissen.

Nu toarce din ceață...
....
...decât răsuflarea.

Găinaț grizuliu
pe pervaz. Te-au cinstit
iar turturele?

80 de ani
împlineşte acum
şi copilăria-i.

Fulgii de nea
urzesc într-o doară
labirinturi.

Fulgii de nea
destramă în joacă
labirinturi.

Spinn nichts aus Nebel ...
....
...als den Atem.

Vogelmist
auf dem Sims. Haben dich wieder
die Turteltauben beehrt?

80 Jahre alt.
Jetzt erfüllt sich auch
seine Kindheit.

Schneeflocken
fügen sich zufällig zusammen
zu Labyrinthen.

Schneeflocken
zerstören spielerisch
Labyrinthe.

Fulgii de nea
aştern pe curat
arbori şi case.

Nu vor să ştie
una de alta
vârsta şi clipa.

De clipa ta
primeşti în dar
ritm şi imagini.

Poţi să te bucuri
şi de frunza ce pică
aleteic.

Astăzi la Cluj
salutai doar copacii
din vremea lui Blaga.

Schneeflocken
bedecken gleichmäßig
Bäume und Häuser.

Das Alter und der Augenblick.
Das eine will vom anderen
nichts wissen.

Zu deinem Augenblick
bekommst du Rhythmus und
Bilder geschenkt.

Du kannst dich auch
über das Blatt freuen,
das alethisch fällt.

Heute in Cluj
begrüßtest du nur die Bäume
aus der Zeit Blagas.

Tuţu (de la
Tătuţu, de la
Tata), îi spune.

Povesteşte despre Tuţu, tatăl ei, bunicul meu, mort în
război după ce fusese luat prizonier la Cotul Donului.
Înainte, i-ar fi zis unui frate al lui, care îl îndemna să-şi
facă o rană ca să scape împreună:

„Mă Aurele,
da' cum să las eu
caii ăştia singuri!?"

Amândoi aveau, acasă, cai, iar în război i-au pus la
tunurile trase de cai. Aurel a scăpat, pentru ca, mai târziu,
comuniştii să-l arunce în temniţă tot din pricina cailor. Şi
a murit... Dar povestea-i cu Tuţu.

Tuțu (von
Tătuțu, von Vater),
so nennt man ihn.

Erzähl' von Tuțu, ihrem Vater, meinem Großvater, im
Krieg gefallen, nachdem er am Donbass gefangenge-
nommen wurde. Davor habe er einem seiner Brüder
gesagt, der ihn aufgefordert hatte, sich eine Wunde
zuzufügen, damit sie gemeinsam entkommen:

„Hey, Aurel,
aber wie soll ich diese Pferde
alleine lassen!?"

Beide hatten zu Hause Pferde und im Krieg haben sie die
Pferde vor die Kanonen gespannt. Aurel ist davonge-
kommen, nur damit er später von den Kommunisten in
den Kerker geworfen wurde, ebenfalls wegen den Pferden.
Und er ist umgekommen ... Aber dies ist die Geschichte
von Tuțu.

Raze de floare
au fost și aceste
căzute petale.

Scoate și tu
o vorbă-n noiembrie!
Zic: crizantemă.

Secret militar:
s-a ascuns într-o tuie
futurele-amiral.

Natură moartă
cu pești. Însă unul
înoată prin aer.

Curg stânjenei
dintr-o cană
spre-albastru.

Blumenstrahlen
waren auch diese
gefallenen Blütenblätter.

Sag du auch ein
Wort im November!
Ich sage: Chrysantheme.

Militärgeheimnis:
Im Lebensbaum hat sich
der Admiralfalter versteckt.

Stilleben mit Fischen.
Einer jedoch schwimmt
durch die Luft.

Auf der Kanne fließen
Schwertlilien zum
Blauen hin.

Fac reduceri de iarnă
copacii. Acuma-i
de privit.

Expansiunea
rozei o laud.
Sigur că spinii...

Nu se amână
clipa.
Doar ziua.

Trei picături
de ploaie pe geam.
Una e lacrima.

Singurul leac
după vorbele multe:
priveşti un copac.

Winterschlußverkauf
machen die Bäume.
Jetzt zugreifen!

Ich lobe
die Expansion der Rose.
Sicher, die Dornen ...

Nur der Tag
wird vertagt,
nicht der Augenblick.

Drei Regentropfen
am Fenster. Einer davon
ist eine Träne.

Das einzige Heilmittel
nach vielen Worten:
Betrachte einen Baum!

N-are răbdare
întrebarea. Răspunde
ca mirare.

E bine să taci
mai pe scurt uneori.
Altfel se-aude.

Cad în privire
frunze
tactile.

Când cade o frunză
din plopul ideic
e cutremur.

Ce cauți oare,
străin în noiembrie?
Ein Licht im Regen.

Keine Geduld hat
die Frage. Sie antwortet
als Staunen.

Bisweilen sollte man kurz
schweigen. Anderenfalls
hört man es.

In deinem Blick
fallen
tastende Blätter.

Fällt ein Blatt
von der ideeischen Pappel,
geschieht ein Erdbeben.

Was suchst du, Fremder,
in November? Ein Licht,
ein Licht im Regen.

Cel mai frumos
desenează zăpada
acoperişuri.

Afli încet
că mirarea-i
credinţă.

Setea de lacrimi
potolită
de ploaie.

În februar
îi simţi ceţii
nisipul.

Nori năruiţi
în ploaie. Şi totuşi
erau tineri.

Am schönsten zeichnet
die Dächer
der Schnee.

Allmählich erkennst du:
Das Staunen
ist Glaube.

Die Gier nach Tränen
gestillt
durch den Regen.

Im Februar
spürst du des Nebels
Sand.

Zerborsten die Wolken
im Regen. Dennoch
waren sie jung.

Pe-o rămurică
a internetului
găsii o frunză.

Flăcăruia: clepsidră
ce curge în sus.
(Gaston Bachelard)

Pe o faţadă
cu lumini schimbătoare:
....reclame....totemuri....

O lumânare
ştie să facă
din lumină o zare.

Porumbeii pe blocuri
aripi gotice
au.

In einer Verzweigung
des Internets
fand ich ein Blatt.

Die Flamme. Eine Sanduhr,
die nach oben fließt.
(Gaston Bachelard)

Auf einer Fassade
mit wechselnden Lichtern
.... Werbung .... Totems....

Eine Kerze versteht es,
aus dem Licht
einen Horizont zu erschaffen.

Die Tauben auf den Wohnblocks
haben gotische
Flügel.

Nori. Îți urară
o zi mai senină
decât e afară.

Se văluresc
în sus frânte trepte:
Paul Klee.

O insomnie
pe-o poezie...
Dai?

Prima zăpadă,
în noiembrie. Numai
pe mașini.

Ploaia întinde
totuși pe bălți
colaci de salvare.

Wolken. Sie wünschten dir
einen helleren Tag
als draußen.

Nach oben wellen sich
zerbrochene Stufen:
Paul Klee.

Eine schlaflose Nacht
für ein Gedicht ...
opferst du?

Im November
der erste Schnee. Nur
auf den Autos.

Auf den Lachen
wirft der Regen dennoch
Rettungsringe aus.

Curaj, îşi zicea,
uită-te, nu
fotografia!

„Ţinta-i uitarea.
Şi-am ajuns înainte."
Milea din Borges.

Ticăie ceasul
când taie
rotiri.

De eşti atent
la cerc
eşti tangent.

Ce faci în ziua
asta senină?
Culeg fulguraţii.

Nur Mut, sagte er sich.
Statt zu fotografieren:
Betrachte!

„Das Vergessen ist das Ziel.
Und wir sind vorangekommen."
Milea aus Borges.

Die Uhr tickt,
wenn sie die Umdrehungen
zerschneidet.

Achte auf den Kreis
und du bist
tangential.

Was machst du
an diesem hellen Tag?
Ich sammle Gedankenblitze.

Pe cine aştepţi,
fulguraţie dragă?
Pe cine se miră.

Când fâlfâie tare
drapele
tu tremuri.

Nici în cădere
nu-s gemene frunzele,
frunzele semene.

Ca poetometru
n-avem decât
pomu-nflorit.

Singura cărare
în holda aurie
e firul de grâu,

Auf wen wartest du
geliebter Gedankenblitz?
Auf den, der noch staunen kann.

Wenn zu sehr flattern
die Fahnen,
erzitterst du.

Im Fallen nicht einmal
sind die sich gleichenden Blätter
Zwillinge.

Als Poetometer
haben wir nur
den blühenden Baum.

Der einzige Weg
in einem goldenen Ährenmeer
ist der Weizenhalm.

Zum Autor

Der rumänische Dichter, Essayist und Literaturkritiker Ioan Milea ist 1958 in Turda (Rumänien) geboren. Er studierte Rumänisch und Italienisch an der Universität Cluj/Klausenburg. Ioan Milea war Redakteur und Literaturkritiker bei den Zeitschriften *Echinox, Tribuna* und *Apostrof*. Derzeit arbeitet er als Forscher am Institut für Linguistik und Literaturgeschichte „Sextil Pușcariu" in Cluj. Milea veröffentlichte mehrere Gedichtbände: *Seară cu Dante și alte poeme* (*Abend mit Dante und andere Gedichte*), 1996; *Recviem în mai* (*Requiem im Mai*), 2007; *Despre Brâncuși* (*Über Brâncuși*), 2007; *Florilegiu* (*Blütenlese*), 2008; *Fulgurații I-VII* (*Gedankenblitze I-VII*), 2010-2019; *Gedankenblitze und Spiegelungen / Fulgurări și refulgurări* (in Zusammenarbeit mit Herbert-Werner Mühlroth), 2018; *Iubesc aricii hrana de pisici? / Lieben Igel Katzenfutter?* (in Zusammenarbeit mit Herbert-Werner Mühlroth), 2019; sowie Essaysamm-lungen und Literaturkritik, wie: *Lecturi bacoviene și alte eseuri* (*Bacovia-Lektüren und andere Essays*), 1996; *Sub semnul poeziei* (*Unter dem Zeichen der Dichtung*), 1999; *Brevilocviu* (*Breviloquenzen*), 2013. Er war Mitarbeiter bei mehreren literarischen Wörterbüchern wie dem *Dicționarul scriitorilor români* (*Wörterbuch der rumänischen Schriftsteller*) oder dem *Dicționarul general al literaturii române* (*Allgemeines Wörterbuch der rumänischen Literatur*). Milea hat unter anderem folgende Schriften herausgegeben: I. Negoițescu, *Primă-vara elvețiană și alte proze* (*Der Schweizer Sommer und andere Prosa*), 1999; Wolf von Aichelburg, *Criza sufletului modern în poezie și alte scrieri românești* (*Die Krise des modernen Geistes in der Dichtung und andere rumänische Schriften*), 2010, in Zusammenarbeit mit Dan Damaschin; *Magistrul tăcerii în cercul cuvântului. Memorial și exegeze blagiene* (*Meister des Schweigens im Wortkreis. Erinnerungen an Blaga und Exegese seiner Werke*) 2011, in Zusammenarbeit mit Dan Damaschin); Ioanichie Olteanu, *Turnul și alte poeme* (*Der Turm und andere Gedichte*), 2012. Er übersetzte unter anderem aus den Werken von Rudolf Otto, Romano Guardini, Giuseppe Tucci, Theophil Spoerri, Vincenzo Cardarelli, Reiner Kunze, Max Picard.

Neu Gesagtes und alte Fragen –

ein Nachwort

Zur Bedeutung der Lyrik als Lebens-Mittel und zum Rang Ioan Mileas in der zeitgenössischen Poesie hat Herbert-Werner Mühlroth in seinem Vorwort das Nötige gesagt. Ich werde mich daher hier einigen speziellen Problemen zuwenden, vor denen Milea und mit ihm alle Dichter in unserem alten und späten Kulturraum stehen. Ständig sind wir gefährdet, lediglich zu wiederholen. Jedes Nachahmen der Riesen, auf deren Schultern wir stehen, führt zu lächerlichen Reprisen. So reizvoll es ist, Fäden aus den Werken der Altvorderen weiterzuverfolgen – das allein trägt nicht, wenn nicht neue Felder erschlossen werden und ein neuer, unverfälschter Ton erklingt.

Milea ist durchaus bei Dante, nähert sich ihm, aber er verklammert dessen ferne und fremde Erscheinung jenseits der „Bruchstelle der Jahrhunderte" (S. 10) mit dem einer unaufgelösten Szenerie unter Scheinwerfern, die zwischen Doppeldeutigkeit, Fragwürdigkeit und dem eindeutig-fraglosen Tod oszilliert. Immer wieder ist in diesen Gedichten der Tod gegenwärtig, von dem der „alte Streuner", die Eindrücke seines langen Lebens und des Zwanzigsten Jahrhunderts aufsummierend, sagt: „Nur den Tod habe ich erlebt" (S. 17).

Allerkleinste Ereignisse wie das Fallen eines Blattes, Kinderspiele („Damals war es ein Spiel", S. 52) und Alltagsszenen (das Mädchen auf dem Fahrrad) werden durchleuchtet und befragt. Für Milea werden die zwischen den Wohnblocks singenden Turteltauben (S. 101), die Tauben in den Bahnhöfen (S. 66) und die aus dem Baum im Bildhaueratelier sprießenden jungen Triebe („Ver sacrum", S. 77) zu einem Sinnbild für das sich gegen Technik und Zivilisation behauptende und überlebende Organische. Er steht in der Tradition jener Naturdichter, die wie Wilhelm Lehmann oder

Gertrud Kolmar dem „Gebet im Wehen des Windes" („Rhythmus", S. 43) lauschen. Von der Landschaft Siebenbürgens bis zu den „pochenden Sternen" („Gefilde", S. 59) bewegen sich Mileas Gedichte von der schlichten Wahrnehmung in die übersinnliche Vision. Nur das Leben kann das Leben erfassen: „Nur der Atem kann urteilen." (in „Landschaft", S. 65) oder – fast wie ein Merksatz: „Erneut lehren/ die Bäume dich, wie man/ zu sich kommt" (S. 103). Die Parade des Regens ist dem Poeten selbst am 1. Mai wichtiger als der Demonstrationsmarsch (S. 107), der Blütenkreis wichtiger als die gesellschaftlichen Kreise (S. 115).

„Wer Ohren hat zu hören, der hört/ die Musik des einfachen und einsamen Lebens/ ohne Instrumente" (S. 38) schreibt Milea. Immer wieder läßt er Leid und Schrecken der Welt spüren und anklingen, aber es gelingt ihm etwa in „Requiem im Mai" in unvergleichlicher Brillanz die dunklen Seiten des menschlichen Daseins zu verbinden mit der Freude über die Schönheit der göttlichen Schöpfung: „Aber niemand weint,/ nein, alles singt..." (ebd.). Im Sinne von „Kann keine Trauer sein" (G. Benn) schreibt Milea: „August. Es lachte/ ein Stück Melone/ über deine Traurigkeit" (S. 87).

Dichtung lebt immer von der äußeren Wirklichkeit und von deren Differenz zur inneren Wirklichkeit der Seele mit ihrem Möglichkeitsraum, also mit dem, was nicht mehr, noch nicht oder niemals wirklich ist. In „Vergleiche" (S. 42) konfrontiert der Dichter – als Konjunktiv sprachlich vom Indikativ, also der Wirklichkeitsform, abgehoben – diese beiden Welten. Die Innenwelt steht der ungezügelt-unregierbaren Natur dabei näher als „dem hübsch angelegten Blumenbeet" („Sprache", S. 44) einer von außen bestimmten Ordnung. Das Gedicht „Ich betrachte" (S. 48) demonstriert, wie der Dichter von der Wahrnehmung des Natürlichen in den surrealen Raum der Sprachphantasie wechselt. Das Schauen ist ihm wichtiger als die Scheinexaktheit des Fotografierens (S. 138). In „Blumen ohne Namen" (S. 74) springt er von den Pflanzen zu tanzenden Derwischen, ohne daß dies gesucht und überzogen wirkt. Das Gedicht „Die endlose Säule" (S. 80) veranschaulicht den untrennbaren Zusammenhang all unserer Schöpfungen mit der Schöpfung.

Dichtung ist bekanntlich das Gegenteil von AusBREItung im Sinne von Goethes getretenem Quark. Milea demonstriert seine hohe Kunst der Verdichtung und Verknappung in Kurzgedichten wie „Was ich suche" (S. 45), die an geschliffene lyrische Aphorismen erinnern. Immer wieder nimmt Milea Bezug auf andere Dichter, teils in Widmungen, teils mit Momentaufnahmen, in denen sie und ihr Werk umrissen werden – so bei den Rumänen Mihai Eminescu (1850-1889) und George Bacovia (1881-1957) sowie dem Russen Ossip Mandelstam (1891-1938). In einem großen und großartigen Zyklus (S. 68 ff.), der von Cranach bis Dali durch ein halbes Jahrtausend abendländischer Malerei einen Bogen schlägt, gelingt es ihm in jeweils wenigen Zeilen die Quintessenz eines bestimmten Meisterwerks oder sogar des Gesamtwerks eines Malers zu veranschaulichen – immer auf der Ebene des Bildlichen und ohne ein Ausweichen auf abstrakte Kategorien.

Ioan Milea ist ein kritischer, wacher Beobachter der Zeitläufte. Das Gedicht „Bildschirm" (S. 19) schafft eine geniale Verbindung zwischen der kritischen Reflexion über die Politik Ceaușescus in seiner von ihm selbst als „Epoche des Lichts" titulierten Spätzeit, die in Wirklichkeit ein „häßlicher Herbst" (S. 24) mit einer surreal-phantastischen Geisterbahn-Stimmung war. In dem Gedicht „Wenn die Kontemplation zerschellt" (S. 28) aus dem September 1989 entwirft Milea ein dichterisches Bild des drei Monate später erfolgreichen Aufstands gegen das System, in dem „das Böse zum Wahnsinn" geworden war. Der Rückblick auf die sozialistische Diktatur kreist für ihn aber zugleich um die Frage „Was war auch ich/ in dieser Epoche?" („Der Ausgang", S. 33) Der Stacheldraht der Lager, die Ereignisse des Zweiten Weltkriegs und die Nachkriegsverfolgungen (S. 85) sind dabei für ihn ebenso präsent wie der Versuch, über das eigene Ich hinaus zum wahren Selbst zu gelangen („Schritt für Schritt", S. 35). In seinen „Gedankenblitzen" (S. 83 ff.) entwirft der Dichter ein Gegenbild zu einer Zeit, die alle Sachen in Meinungen verwandelt werden und in der die Politiker immer nur auf ein anderes Feld ausweichen, „statt es zu beackern."

Rolf Stolz

Inhaltsverzeichnis